AF305957

SOUVENIRS

DE LA

SŒUR LOUISE DE LA CROIX

1

Lin 27/37871

SOUVENIRS

DE LA SOEUR

LOUISE DE LA CROIX

TOURIÈRE

En l'Ordre de Notre-Dame-du-Mont-Carmel

Selon la réforme de sainte Thérèse

NANTES

IMPRIMERIE ÉMILE GRIMAUD

PLACE DU COMMERCE, 4.

—

1888

J. M. J. T.

Très humble et respectueux salut en Notre-Seigneur.

Ce Divin Maître vient d'appeler à lui notre chère sœur Louise de la Croix, tourière, âgée de 58 ans, dont 35 ont été consacrés au service de notre communauté avec un dévouement qui mérite toute notre reconnaissance.

Nous vous demandons, ma Révérende Mère, d'unir vos prières aux nôtres pour le repos de cette chère âme. Veuillez faire offrir le saint sacrifice de la Messe à cette intention, afin que s'il lui restait encore à satisfaire à la Justice divine, elle soit promptement admise à la possession éternelle de Dieu, objet de tous ses vœux et de toutes ses espérances dans son pèlerinage ici-bas.

Quelques-unes de nos Révérendes Mères qui avaient connu notre chère sœur Louise de la Croix, ou entendu parler de ses grandes qualités, de son esprit religieux, nous ont témoigné désirer que nous les rappelions dans une notice, dans la pensée qu'elles seront un encouragement pour nos chères sœurs tourières, en leur montrant à quel degré de vertu elles peuvent s'élever dans leur humble vocation.

Nous cédons d'autant plus volontiers à ce sentiment que nous trouvons en cela un moyen de conserver parmi nous le souvenir si édifiant de cette vertueuse sœur ; et aussi de témoigner notre attachement à toutes les chères sœurs tourières, dont nos Carmels ne sauraient trop reconnaître le dévouement.

Puisse cette notice leur être une consolation et un encouragement dans leurs labeurs !

Veuillez agréer, ma Révérende Mère

l'expression du profond respect avec lequel nous avons l'honneur d'être, en Notre-Seigneur,

Votre très humble servante,

Sr M.-Agathe de Jésus,

Rse Cte ind.

De notre monastère de Jésus-Médiateur et de l'Immaculée-Conception de la Très Sainte Vierge des Carmélites de Nantes, le 15 juin 1888.

La sainte Ecriture est pleine de louanges
pour ceux qui aiment et craignent le Seigneur, qui marchent dans ses voies. C'est
dans ce sentiment que nous essayons de
retracer dans ces pages les traits caracté-
ristiques de la vie de notre chère Sœur
Louise de la Croix ; de relever le mérite
de cette humble Sœur dans une vie toute
d'abnégation.

Elle s'est montrée vraiment grande dans
son mépris du monde et d'elle-même,

1.

dans sa fidélité aux devoirs de sa modeste vocation de sœur tourière, dans son dévouement pour notre communauté; mais, par dessus tout, dans son ardent désir d'aimer et de suivre Jésus-Christ.

Cette chère Sœur nous parut toujours un don du ciel pour notre Carmel. Le Seigneur nous sembla avoir marqué, lui-même, sa place au tour de notre monastère, dans le soin qu'il prit de l'y conduire.

Notre chère Sœur Louise de la Croix naquit à Auray, petite ville du Morbihan, le 8 mars 1830, au sein d'une de ces bonnes familles bretonnes que la foi distingue et élève véritablement. Les exemples de ses parents, plus encore que leurs leçons, lui inculquèrent, dès son jeune âge, les principes religieux qui les caractérisaient. Elle eut encore un autre avantage, celui d'être confiée aux soins de sa grand'mère, qui vivait auprès d'un de ses fils, prêtre et recteur d'une paroisse aux envi-

rons d'Auray. Les exemples qu'elle eut
aussi sous les yeux, dans ce presbytère,
frappèrent vivement sa petite imagination ;
et gravèrent dans son esprit et son cœur ce
respect, cet amour qu'elle eut toujours
pour les choses saintes.

De bonne heure on lui fit suivre les
classes des religieuses institutrices qui
tenaient une école pour les petites filles
à peu de distance. Son intelligence précoce
profita de leurs leçons d'une manière éton-
nante ; bientôt elle sut lire et écrire même
avec une facilité remarquable.

Si nous en croyions notre chère Sœur,
elle ne répondait guère cependant aux
leçons qui lui étaient données : elle ne
suivait que les instincts de sa nature. Souvent elle recréa ses compagnes en religion
en leur racontant les fautes de son jeune
âge. Elle donnait à ses récits, comme à
tout ce qu'elle disait, un intérêt, un
charme véritable ; mais aussi en même
temps, sans s'en douter, de bonnes leçons

d'humilité. Elle reconnaissait ses défauts, en parlait avec une franchise qui eût pu faire croire que son salut était intéressé à ce qu'elle fît connaître tout ce qu'il avait pu y avoir de mauvaises inclinations dans sa nature.

L'extrême vivacité de son esprit et de ses désirs l'emportait souvent et la faisait agir sans réflexion, avant d'avoir pu reconnaître ce qui était mal. Elle se plaisait à rappeler qu'un jour, voyant sur une table plusieurs piles de monnaie, elle se dit qu'il lui ferait grand bien d'avoir un peu de cet argent, et il lui sembla qu'elle pouvait bien prendre quelques sous sur chaque pile, sans que cela parût ; immédiatement elle y mit la main. Au même instant elle entend une voix qui crie au fond de la chambre où elle se croyait seule : Voleuse ! Voleuse ! C'était une pie qui avait ses habitudes dans la maison. La leçon, quoique donnée par un oiseau, l'humilia profondément et la fit renoncer à son larcin.

La petite Lise, c'est ainsi qu'on la nommait dans la famille, fut rappelée à Auray ; on la jugeait assez savante. Sa bonne mère se faisait besoin de son concours pour les soins à donner au jardinage ; pour ramasser les fruits et les légumes et les vendre au marché : c'était toute la ressource des bons parents pour élever leur nombreuse famille. C'est au milieu de ces soins qu'elle se prépare à sa première communion.

Nous pouvons bien croire que cette première communion, si importante dans la vie chrétienne, fut une de celles qui sont une source de bénédictions pour toute la suite de la vie. Les examens si approfondis que notre chère Sœur faisait dans ses derniers jours, sur tout son passé, lui permettaient de dire : Je crois que je n'ai jamais fait de faute de propos délibéré.

Après qu'elle eut fait ses communions, ses parents se décidèrent à la mettre en service, pour qu'elle pût gagner sa vie et leur venir plus efficacement en aide. Ils résolurent de l'envoyer à Nantes. Un jour, on la conduisit à la voiture qui devait l'y transporter. Pour toute recommandation, on lui donna l'adresse d'une Bretonne qui demeurait dans cette ville : elle devait la prier de la gager. — Il ne lui fut pas difficile de trouver une place : elle était grande, bien faite, intelligente, et d'une physionomie des plus agréables. Mais quels dangers ne devait-elle pas rencontrer, avec tant d'avantages, et livrée à elle-même !

Ses bons parents ne se dissimulaient pas ces dangers ; mais ils l'avaient mise sous la garde de la bonne Mère Sainte Anne, cette grande protectrice de la Bretagne. Elle-même était allée lui recommander ses intérêts spirituels et temporels avant de quitter Auray ; et elle était fidèle à la prier tous les jours : nous trouvons là le secret des secours prodigieux qui sauvèrent son innocence.

Attirée intérieurement à la piété, pressée d'assurer son salut, elle se prit à réfléchir sérieusement aux moyens à prendre pour échapper sûrement aux écueils qu'elle rencontrait à chaque pas, et à demander avec ardeur au Seigneur de lui venir en aide. Elle racontait qu'elle vit un jour entre les mains des enfants, dont elle avait le soin, une image d'un jeune saint, dont l'expression de piété, de modestie la toucha vivement. Cette image était déjà en lambeaux ; elle la recueillit soigneusement, et se promit d'honorer désormais particulièrement ce saint à la physionomie si angélique : c'était saint Louis de Gonzague. Elle enleva le papier malpropre et déchiré et appendit le saint au mur de sa chambre, afin de l'avoir tous les jours sous les yeux, pour s'exciter au mépris des choses de la terre et à l'amour des biens éternels.

Un de ses premiers soins, à son arrivée à notre tour, fut de nous prier de faire coller sur un carton cette image délabrée, pour l'avoir encore dans sa chambre. Elle honora toujours saint Louis de Gonzague d'un culte particulier. Pendant de longues années, elle récita tous les jours le petit office composé en son honneur. Elle célébrait sa fête avec une touchante dévotion, pour lui rendre grâces des secours qu'il lui avait obtenus; et s'assurer sa protection jusqu'à la fin de sa vie.

La grâce prenait toujours de nouveaux accroissements en elle. Elle ne recherchait plus que ce qui pouvait l'unir à Dieu davantage. Elle entendit parler d'une place à prendre chez une pieuse dame qui habitait le quartier où est situé notre monastère. Elle se résolut à quitter celle où elle était, pour s'isoler davantage, pour fuir le monde et ses dangers.

Arrivée chez cette respectable dame, elle reconnut promptement que Dieu ne se laisse point vaincre en générosité. Elle trouva là toutes les facilités possibles pour remplir ses devoirs religieux, ses exercices de piété ; dans sa maîtresse, un cœur et une délicatesse de sentiments qui répondaient parfaitement aux besoins de sa belle nature. Elle eût voulu ne jamais la quitter si elle fût restée dans le monde. Cette excellente dame reconnut bientôt aussi les qualités de sa nouvelle domestique et lui accorda une profonde estime. Ses sentiments passèrent à toute sa famille où on les conserva à notre chère Sœur jusqu'à la fin de sa vie. On compta de ses membres parmi la nombreuse assistance qui remplissait notre chapelle pour son enterrement.

La pieuse jeune fille découvrit bientôt notre chapelle ; elle devint le sanctuaire privilégié de sa dévotion, à cause de sa solitude. Nos sœurs tourières remarquèrent la jeune Bretonne, aux allures distinguées, qui venait régulièrement tous les dimanches à une heure de l'après-midi. Son profond recueillement devant le tabernacle les frappa surtout ; et la piété avec laquelle elle faisait le chemin de la Croix pour terminer sa station dans la chapelle. — On voyait que c'était Dieu seul qu'elle cherchait. Elle se retirait silencieusement sans parler à personne. Une de nos sœurs tourières étant tombée gravement malade, et se trouvant à l'extrémité, dit à ses compagnes (c'était un dimanche) : « Allez à une heure dans la chapelle, et amenez-moi la Bretonne ; c'est cette fille qu'il faut ici pour me remplacer. — Ce jour-là, la Bretonne ne parut point ; mais huit jours après, elle vint à l'heure ordinaire : notre bonne Sœur n'était plus de ce monde. Sa compagne qui nous avait fait connaître ce qui s'était dit entre elles se borna, sur notre recommandation, à demander à la jeune fille, comme elle se retirait, si elle ne connaîtrait pas une bonne personne qui voulût bien être sœur tourière. Elle répondit négativement : ce fut une grande déception ! Mais huit jours après, cette Bretonne, tant enviée, revenait. La lumière s'était faite en son âme ; elle demandait, toute souriante, si on voudrait d'elle pour tourière.

On la fit monter au parloir où nous l'entretînmes longuement. Tout ce que nous découvrîmes en cette bonne enfant était bien au-dessus de ce que l'on nous en avait dit. Nous hésitions à croire qu'elle dût être tourière ; que cette vie pût répondre aux aspirations de son âme. Nous lui fîmes un exposé, aussi clair que possible, des difficultés qu'elle pourrait rencontrer dans cette laborieuse vocation. Elle nous répondit qu'elle voudrait pouvoir être admise à l'intérieur ; que si Dieu l'y voulait, il saurait bien la faire entrer ; et qu'en attendant, elle serait heureuse à la porte. Nous l'engageâmes à prier beaucoup pour que Dieu éclairât cette question.

Peu de jours après ce premier entretien, elle nous écrivit une longue lettre, où elle nous rendait compte de ses sentiments de la manière la plus heureuse, et où respirait aussi une confiance en Dieu admirable. Elle nous témoignait un vif désir de servir Dieu en se dévouant au service de la communauté.

Nous la revîmes souvent, et après un mûr examen et les renseignements voulus, sur elle et sur sa famille, (nous les obtînmes facilement) nous l'admîmes promptement, la considérant déjà comme choisie par le Seigneur et désignée par lui.

Nous voudrions pouvoir rendre tout ce que fut cette chère Sœur Louise de la Croix à notre tour : son dévouement à Dieu, à la communauté, à ses compagnes, nous pourrions dire à tout le monde : son cœur si bien fait, son âme si élevée ne se refusait à personne ; et sa rare distinction, son tact si délicat, qui faisait dire qu'elle appartenait sûrement à une grande famille, lui attiraient toutes les sympathies. Nos familles, celles qui avaient des

rapports avec la communauté, cherchaient
à avoir des relations avec cette vertueuse
Sœur. On lui confiait volontiers ses solli-
citudes, ses secrets intimes : on se pro-
mettait un bon appui de ses prières.

Les petits enfants, eux-mêmes, se sen-
taient attirés vers elle et ne la quittaient
qu'à regret ; il en était qui se cachaient
parfois pour ne pas suivre leurs bonnes,
leurs parents : ils ne se décidaient à
partir qu'à la condition qu'on les ramè-
nerait passer tout un jour avec Sœur
Louise. Elle savait leur faire goûter ses
raisonnements, pleins de force et aussi
de douceur, en obtenir plus que les parents
eux-mêmes.

Peu de personnes ont reçu le don de
goûter les choses de Dieu comme elle ;
d'en parler avec tant d'onction, de suavité,
de facilité. Elle inspirait, en en parlant,
un tel intérêt qu'on ne se lassait pas
de l'entendre. Les ecclésiastiques qui venaient à notre communauté, aimaient

également à rencontrer cette bonne sœur toujours si digne, si religieuse ; et se retiraient édifiés de ce qu'ils remarquaient en elle.

Aimant sa règle, son devoir par dessus tout, elle était bien éloignée de rechercher ces rapports avec le dehors. Quand elle n'était pas de semaine pour répondre au tour, elle se renfermait souvent dans sa chambre, pour éviter les personnes qu'elle voyait arriver à la communauté, malgré tout le respect, la considération qu'elle avait pour elles. Nous l'en reprîmes parfois. Elle disait alors : « Ma Mère, mes compagnes étaient là. Ah ! je n'aime point le monde, ni à me trouver avec les grandes gens. » Elle ne se faisait besoin que de Dieu et de se renfermer en lui quand elle avait satisfait à ses devoirs.

Seul le tabernacle l'attirait. Là était véritablement un aimant pour son cœur. Les fêtes religieuses qui se passaient dans notre ville et y attiraient la foule ne la détournaient point de l'attrait qu'elle avait pour notre modeste chapelle dont elle aimait la solitude. Quand, en présence de quelque solennité, qui devait avoir lieu dans nos environs, nous faisions dire au tour que nous permettions qu'on y allât, elle répondait le plus souvent : « Que nos Sœurs y aillent si elles veulent ; moi, je reste ici ; » ou encore : « Le Seigneur est ici ! »

Comme elle était zélée pour la propreté de la chapelle ; celle surtout de l'autel du Seigneur ! Avec quel soin elle en essuyait les marbres et le marchepied tous les jours ! Quel maintien religieux elle avait encore en le décorant ! Avec quelle dignité elle traversait le sanctuaire, montait et descendait les marches ! Le public en était frappé, ainsi que de l'attitude qu'elle prenait quand elle s'agenouillait au bas des marches, après les avoir descendues, pour adorer le Saint-Sacrement. Souvent elle s'oubliait dans cette adoration. Elle éprouvait une attraction qui l'arrachait à tout le reste : elle ne voyait et n'entendait plus rien. Un vénérable aumônier qui la vit parfois dans ce profond recueillement nous en parlait avec émotion. « J'ai vu, nous disait-il un jour, la Sœur Louise hier en adoration au bas des marches. Oh ! elle ne m'a point vu, point entendu : son âme n'était plus là ! »

Cette attraction qui l'enlevait à ce qui se passait dans les rues, quand elle les parcourait pour faire les commissions dont elle était chargée, la fit aller souvent beaucoup plus loin qu'il n'était nécessaire, surtout dans ses premières années de vie religieuse. — Quand elle partait de la maison, elle se mettait en esprit à la suite de la Sainte Famille fuyant en Egypte, ou en revenant ; il lui arrivait ainsi d'oublier tout le reste ; et heureuse en si bonne compagnie et toute pleine de son objet, elle marchait devant elle sans s'apercevoir du chemin qu'elle faisait.

Un jour elle se trouva au bout de la Fosse,
à l'autre extrémité de la ville. — Elle s'accusait de ces distractions et s'en humiliait profondément : « Quelle pauvre tête
j'ai, ma Mère ! » disait-elle en ces circonstances. « Mais admirez la bonté de Dieu,
dit-elle encore souvent, qui n'a jamais
permis qu'avec une si pauvre tête, j'aie
fait quelque chose qui fût dommageable à
la communauté, qui nuisît à sa réputation.
La peine n'est que pour moi; mais ma
peine à moi n'est rien ! » Jamais en effet
elle ne compta avec la fatigue. Quelque
temps qu'il fît, quelques courses qu'elle
eût déjà faites, jamais elle ne parut hésiter à sortir ; non seulement quand on le
lui demandait, mais encore quand elle
pouvait supposer que la portière ou la
dépositaire le désiraient. Elle s'offrait
d'elle-même à faire les commissions, les
courses que des circonstances imprévues
multipliaient ; et pourtant la distance
de notre monastère du centre de la ville

rend toujours ces sorties onéreuses. L'attention qu'on lui demandait d'avoir parfois pour des choses importantes la remplissait tellement, qu'elle en oubliait d'autres dont elle avait aussi à s'occuper. Que de fois à son retour de la ville, en s'apercevant d'un oubli, elle partait comme un éclair, retournant faire ou chercher ce qu'elle avait oublié ! Nous dûmes y mettre ordre, lui défendre de retourner en ville sans permission.

Que de fois encore pour trouver des objets, des fournitures qu'on lui avait dit de chercher, et qui fussent conformes aux échantillons qu'on lui avait donnés, elle traversa la ville entière en tous sens ! Souvent nous fûmes affligées en apprenant le chemin que cette chère Sœur avait fait. Elle ne savait pas s'arrêter devant les obstacles qu'elle rencontrait. Son désir d'arriver à satisfaire pleinement nos Sœurs l'emportait bien plus loin qu'on n'eût pu le prévoir. Il est bien à croire que les fatigues que s'est imposées cette vertueuse Sœur, dans son généreux dévouement pour notre communauté, pendant surtout qu'elle n'avait que deux compagnes âgées, auront contribué grandement à déterminer la maladie qui nous l'a enlevée.

Sa plus douce satisfaction, même après des journées de grandes fatigues, était d'assister aux Matines jusqu'au *Te Deum* les veilles des grandes fêtes : elle en demandait permission plusieurs jours à l'avance. — A genoux aux pieds de saint Joseph, les mains appuyées sur la balustrade, elle s'unissait avec ferveur à la communauté pour louer et bénir le Seigneur.

Là aussi, son âme attirée vers Dieu ne s'apercevait pas toujours que le temps s'écoulait, que Matines, Laudes, et l'examen finissaient. Quand, rappelée à elle-même par la fatigue ou le froid, elle se trouvait dans un profond silence, elle comprenait que sa veille s'était prolon-

gée au delà des bornes qu'on lui avait
prescrites ; elle se hâtait de quitter la chapelle et de se mettre au lit, heureuse d'a-
voir passé un si long temps devant le
Seigneur, se disant que c'était lui qui
l'avait permis. Elle rendait cependant
fidèlement compte de ces distractions à sa
Prieure.

Les dimanches et les jours de fête elle
aimait aussi à chanter vêpres avec la communauté. Elle se plaçait alors devant saint
Joseph, parce que c'était là qu'elle se
trouvait plus près de la grille du chœur
et qu'elle était moins distraite par ceux
qui venaient dans la chapelle. Elle avait
une belle voix, et les échos en venaient
jusqu'à nous. De même au chant du *Salve,*
le samedi, où elle ne manquait jamais
d'assister, à moins qu'elle ne fût sortie ou
occupée à répondre à la porte.

Cette âme, si unie à Dieu, à laquelle il
se communiquait si particulièrement, eut
aussi cependant de rudes épreuves inté-

rieures, une voie vraiment crucifiée ; tant il est vrai qu'il faut ravir le ciel. Elle tombait fréquemment dans une sorte d'obscurité qui ne lui permettait plus d'envisager la miséricordieuse bonté du Seigneur. Elle ne voyait plus que des offenses dans toute sa vie, et se croyait rejetée de Dieu. De là, des tentations de blasphème et de désespoir qui faisaient d'elle une véritable suppliciée. Sa physionomie paraissait alors bouleversée ; elle portait l'empreinte d'une souffrance dont elle ne disait rien cependant à personne. Elle se croyait réprouvée et semblait ne pouvoir l'avouer. Elle, toujours si confiante envers sa Prieure, cherchait alors à l'éviter dans la crainte qu'elle ne lui fît un commandement de communier.

Il nous était facile de deviner ce qui se passait en son âme. Nous nous efforcions de lui rendre la paix ; mais elle paraissait ne pas nous comprendre, ou plutôt croire que nous ne la comprenions pas, étant la créature la plus abominable qui fût au monde : elle ne trouvait point d'expressions assez méprisantes pour parler d'elle alors. Elle eût volontiers fait une confession publique de tous ses péchés, si elle eût pu ainsi satisfaire à la justice de Dieu et le venger de ses offenses : c'était comme un besoin pour elle de se peindre aux yeux des autres sous les couleurs où elle se voyait elle-même. Nous devions lui faire un commandement pour l'arrêter. — Comme elle était heureuse quand ces horribles tempêtes étaient passées ! Comme elle louait et bénissait le Seigneur quand elle sentait l'espérance renaître dans son âme ! à la pensée de pouvoir encore aimer Dieu et se dilater dans le sentiment de sa miséricorde.

En tout temps, cette vertueuse Sœur se faisait besoin de mettre son âme à nu sous les yeux de ceux qui la dirigeaient, avec ses imperfections, ses moindres faiblesses; de faire connaître tous les sentiments qu

se présentaient à elle, n'eussent-ils fait
que l'effleurer ; et cela dans les termes les
plus précis et avec un véritable mépris
d'elle-même. C'est sans doute cette humilité, cette droiture de son âme qui attira
sur elle les regards du Seigneur et lui
mérita les grâces si particulières qu'elle
en reçut, qui faisaient envie à toutes les
personnes qui avaient des rapports avec
elle : on découvrait promptement les
trésors dont Dieu l'avait enrichie.

Cette humilité, pierre de touche de la
vraie vertu, quels exemples n'en donna-
t-elle pas ! Quand on avait quelque chose
à reprendre dans le service du tour, ou
de la sacristie, elle recevait toutes les observations qu'on donnait quelquefois en
général, avec la plus grande soumission
d'esprit, et s'accusait toujours comme
coupable. Jamais elle ne s'excusa. Souvent elle laissa peser sur elle des fautes
dont elle n'était point coupable. Un jour,
par un malentendu, la sacristine l'envoya

dire à l'aumônier que le confesseur extraordinaire qui faisait les confessions des
Quatre-Temps dirait la messe de communauté; c'était notre vénéré Père Audrain, qui dans ces circonstances voulait
bien ordinairement nous donner cette satisfaction; mais cette fois il devait s'en
aller à 10 heures dire la messe à la cathé-
drale pour un service solennel. On sonna la
messe de communauté à l'heure ordinaire et nous attendions au chœur, sans
voir arriver l'aumônier. La Prieure sonna
la bonne Sœur Louise de la Croix qui
était de semaine à la sacristie pour savoir
à quoi attribuer ce retard de l'aumônier.
Elle répondit : « Ma Mère, je suis allée lui dire
que c'était M. Audrain qui dirait la messe. »
La Prieure la reprit avec une grande fer-
meté d'avoir fait cela sans être envoyée,
lui en témoigna tout son mécontentement;
elle lui donna ordre d'aller promptement
chercher un prêtre qui voulût bien nous
dire la messe, si l'aumônier avait dit la

sienne. La bonne Sœur écouta tout sans
répliquer, se montrant confuse, et s'empressa de nous procurer une messe. Ce ne
fut qu'après, à la récréation, que la chose
s'expliqua. La Prieure, en en reparlant à
cette chère Sœur avec le regret d'avoir
pu lui faire de la peine, lui demanda pour-
quoi elle ne lui avait pas dit que la sa--
cristine l'avait envoyée : « Ma mère, ré-
pondit-elle, on m'a dit que notre sainte
Mère Thérèse ne veut pas que ses filles
s'excusent, encore qu'elles soient sans
fautes. » Elle voulait être vraiment fille de
cette sainte Mère.

Elle faisait état de ne jamais manquer
les occasions de s'humilier, et d'accueillir
généreusement tout ce qui pouvait la dé-
considérer ; ces occasions n'étaient pas
rares ; les distractions auxquelles elle
était sujette lui en fournissaient souvent.
Nous admirions toujours comme elle accueillait nos observations ; souvent encore
elle n'était pas satisfaite et nous deman-

dait pardon, ou à ses portières, de s'être montrée si orgueilleuse en recevant nos avis. Celles-ci témoignaient leurs sentiments à cet égard, en bénissant Dieu des leçons de vertu qui leur venaient par cette admirable Sœur. L'une d'elles a dit parfois qu'elle lui enviait de savoir s'aplatir comme elle le faisait. Il nous arrivait à nous-même de parler en récréation des sentiments, des dispositions de cette belle âme, pour l'édification de la communauté, de citer des traits de l'héroïsme de sa vertu.

Nous voulons rappeler encore ici une réponse que nous fit en ces derniers temps notre chère Sœur et qui peint bien son mépris d'elle-même et du monde. — Nous dûmes la reprendre d'avoir manqué de tact dans une circonstance où la bonté de son âme l'avait entraînée à dire des choses qu'elle eût dû tenir secrètes. Nous lui dîmes que nous le regrettions parce que cela pouvait nuire à la confiance qu'il convient que l'on ait pour une Sœur tourière. Cette chère Sœur nous écouta comme toujours bien humblement sans excuse; ses premières paroles furent celles-ci : « Ma mère, ai-je offensé Dieu? — Non, répondîmes-nous ; mais vous vous êtes déconsidérée.—Oh ! ma Mère, que Dieu soit béni ! Bien des gens m'estiment au-dessus de ce que je suis, jusqu'à me croire une sainte. Il est bon qu'on reconnaisse que je ne suis qu'une pauvre tête. »

Elle s'abaissait plus encore devant Dieu que devant les créatures, dans le sentiment de sa bassesse. Elle avait une si haute idée de la vie religieuse, un si grand désir de glorifier Dieu en vivant de cette vie, en se rendant conforme à Jésus-Christ, que ce lui était une grande confusion de trouver en elle de mauvaises tendances et de se voir si loin de son but. Nous devions la relever parfois à ses propres yeux, et l'assurer que Dieu était content de ce qu'elle faisait pour lui, pour l'empêcher de faire des excès regrettables, d'aller au delà des forces de la nature.

Dans son dévouement à Dieu, elle n'eût pas hésité à donner son pied et sa main à couper pour procurer sa gloire, ou assurer son salut. Il n'y avait encore que quelques années qu'elle était ici qu'on s'aperçut qu'une grande tache rousse, large comme la main, se dessinait sur son visage, comme si on l'eût faite avec un pinceau. Le médecin, consulté, crut en voir la cause dans une imprudence qu'avait dû faire cette chère Sœur. Elle ne reconnut point la chose, mais elle vit en cela une intervention divine et considéra ce placard avec joie. « Ma mère, nous dit cette excellente Sœur, en entendant, dans les rues ou dans les maisons parfois, les réflexions qu'on fait sur moi, je me suis rappelé les dangers que j'ai courus dans le monde. J'ai demandé au bon Dieu de ne pas permettre, puisque je suis son épouse maintenant, que j'attire sur moi les regards des créa-

tures, et que je sois une occasion de péché.
Je l'ai prié de me rendre laide : qu'il soit
béni de m'avoir exaucée !—Cette tache lui
demeura bien des années, et, sans la rendre
laide, elle fit cependant disparaître la
beauté de son teint.

Elle eut les peines les plus sensibles du
côté de sa famille. Parmi ses frères et
sœurs, tous très intelligents, mais man-
quant de tête, il y en eut qui abreuvèrent
d'amertume leurs vertueux parents. Elle
ne pouvait pas y être insensible. Son âme,
si élevée, en souffrit peut-être plus qu'eux.
Elle dut se prêter parfois à faire des dé-
marches, à prendre des renseignements
des plus pénibles. Pressée par ses parents
d'aller aux informations pour savoir toute
la vérité sur la conduite d'un de ses frères,
qui avait passé quelque temps à Nantes,
et y avait laissé de tristes souvenirs, elle
crut ne pouvoir leur refuser ce qu'ils lui
demandaient avec instance, quoiqu'il dût
lui en coûter si cher.

Elle se rendit à la maison indiquée, s'unissant à Jésus-Christ, selon sa coutume, s'offrant à souffrir les humiliations qui l'attendaient pour son amour, dans les sentiments avec lesquels il avait embrassé celles qu'il avait voulu endurer pour nous. Elle avait à toucher des questions bien délicates pour une religieuse.

Elle demanda ce que l'on pouvait savoir d'un jeune homme qu'elle nomma, et qui venait, disait-on, de s'embarquer à Saint-Nazaire. Debout, dans une contenance ferme, digne, comme elle était toujours, elle écouta avec calme la réponse du personnage qu'elle interrogeait. Comme il ne voyait devant lui qu'une fille de la charité qui cherchait à faire du bien, il n'épargna aucun des détails qu'il connaissait, ni ce que lui faisaient supposer les faits portés à sa connaissance, par une personne qui cherchait à perdre la réputation du jeune homme pour intéresser à la sienne.

Un instant, elle se demanda si elle devait faire connaître les liens qui l'unissaient à cet accusé. Mais elle crut qu'elle devait boire le calice jusqu'à la lie ; et comme ce monsieur semblait lui deman·der comment elle pouvait s'intéresser à cet être, elle répondit sans hésiter : « Monsieur, c'est mon frère ! » Son interlocuteur, qui était un homme religieux et bien élevé, fut comme attéré à cette ouverture. Il ne savait plus que balbutier en lui demandant pardon de s'être ainsi emporté, disant qu'il n'eût pas parlé de la sorte s'il eût pu supposer qu'elle était la sœur de ce jeune homme. Notre vertueuse sœur, forte du sentiment qui lui avait fait vouloir cette humiliation, répondit sans trouble, sans chercher à atténuer les torts de l'accusé, mais plutôt à diminuer les regrets qui lui étaient exprimés : « Oh ! je connais mon frère, je sais ce dont il est capable. » — La famille de ce monsieur demeura toujours pleine d'estime pour notre bonne sœur.

Bien d'autres peines, non moins sensibles, lui vinrent encore des siens; elle les supporta en patience, dans le même esprit, demandant cependant au Seigneur de la délivrer de sa famille. En s'épanchant avec nous, sur ce sujet, elle nous dit parfois : « Ma Mère, je ne demande rien à Dieu pour les miens, seulement le salut; je les abandonne à la divine miséricorde; je ne veux pas en désespérer. » Nous avons tout lieu de croire que cette espérance n'a pas été vaine. La fin de plusieurs a été accompagnée de circonstances qui ne permettent pas d'en douter.

Jamais cette chère sœur ne chercha à avoir des rapports avec aucun membre de sa nombreuse famille, mais tous conservaient affectueusement son souvenir; ils aimaient à revoir la bonne Lise en passant à Nantes. A tous elle témoignait aussi dans ces circonstances l'attachement le plus sincère en leur rappelant les devoirs de notre sainte religion; en demandant à chacun d'être fidèle à la foi bretonne.

Quand elle sentit ses derniers moments approcher, elle nous demanda d'écrire une dernière fois à celles de ses sœurs qui restaient après elle, pour leur demander, et à leurs enfants, de demeurer fidèles à Dieu. Elle le fit en des termes si touchants que nous lûmes quelques passages de ses lettres en récréation pour édifier la communauté. On ne pouvait voir sans attendrissement comment, dans son dépérissement général, elle conservait toute la vigueur de sa foi, de ses sentiments religieux ; et avec quelle force elle cherchait à les faire passer dans les âmes qui lui étaient chères.

Il semblait que notre chère sœur Louise de la Croix eût reçu le don de consoler les âmes affligées, de fortifier ceux qui étaient dans la souffrance. On nous a dit parfois que sa vue reposait. Les luttes qu'elle avait eu à soutenir contre sa na-

ture pour triompher d'elle-même, et plus
encore sa confiance en Dieu, lui avaient
donné le secret de relever les forces, le
courage des autres. Sa foi si vive, ses
convictions, jointes à son esprit naturel,
donnaient à son raisonnement une véritable puissance. Des malades qui avaient
connu le charme, la douceur de sa conversation et qui cherchaient en vain du
soulagement à leurs maux, nous faisaient
demander, nous écrivaient même parfois
de leur envoyer la sœur Louise. Ils bé-
nissaient Dieu ensuite du secours qu'ils
avaient trouvé en elle.

Cette bonne sœur n'aimait pas à quitter
la maison ; cependant quand nous lui de-
mandions d'aller par charité faire une
petite visite à telle malade, elle s'y prêtait
de la meilleure grâce du monde. Mais
quand ces malades appartenaient à nos
familles, c'était un besoin pour son cœur
de les visiter, de les entourer à leurs derniers moments : son attachement pour la

communauté, pour chacun de ses membres, lui commandait, en ces circonstances, le plus entier dévouement. Elle sollicitait comme une faveur d'aller auprès d'eux. Elle comptait sa fatigue pour rien. Riches et pauvres, tous avaient un égal droit à son cœur; elle se dépensait pour chacun avec bonheur. Elle fut, tour à tour, fille, sœur, tante et amie au chevet des mourants. Ses visites y laissaient d'immenses consolations. Il est de nos sœurs qui aiment à reconnaître qu'elle a parfaitement tenu leur place auprès de leur mère mourante; d'autres demeurent reconnaissantes au Seigneur de ce qu'il a ménagé le secours de quelques bonnes visites de cette excellente sœur à des membres de leur famille, à leurs derniers moments. Elle-même sentait le bien qu'elle faisait, en rendait toute la gloire au Seigneur, et le bénissait de se servir d'un aussi pauvre instrument.

Son âme, si bonne, si douce, si pieuse

se reflétait sur son visage. On sentait, sans la connaître, que le Seigneur était avec elle. On nous a cité une pieuse demoiselle de notre ville, fort adonnée aux bonnes œuvres, laquelle a dit souvent qu'elle était toujours touchée en la voyant passer sous ses fenêtres. La dignité, le recueillement qu'elle reconnaissait en elle lui donnait ce sentiment, que c'était une âme qui se tenait bien près de Dieu. Elle se plaisait à raconter, que toujours, en la voyant, elle se disait que si cette bonne fille, qu'elle ne connaissait que comme tourière des Carmélites, entrait dans sa maison, elle le regarderait comme une bénédiction, et elle demandait cette grâce au Seigneur. Un jour qu'elle roulait encore ces pensées dans son esprit en apercevant notre bonne sœur, elle la vit entrer dans l'avenue de la maison qu'elle habitait. Profondément émue à la pensée que sa prière était exaucée, elle s'empressa d'aller elle-même ouvrir sa porte, où cette bonne sœur arrivait en même temps. Tout étonnée du salut gracieux, de l'accueil que lui fait cette demoiselle, qui la presse d entrer, et la conduit dans son salon, elle demande si c'est là que demeure la personne chez qui on l'envoie. Oh, asseyez-vous un moment, ma Sœur, répondit la pieuse demoiselle, en lui avançant un fauteuil ; et, s'asseyant auprès d'elle : je vous conduirai où vous voulez aller. Permettez-moi de me recommander à vos prières, et toute ma famille. La bonne sœur répondit humblement, en se levant, qu'elle n'oublierait pas sa recommandation et la ferait à la communauté. L'heureuse locataire la suivit, et la conduisit où elle devait aller.

Elle était souvent accueillie de cette manière où elle était envoyée ; elle n'en parlait qu'avec confusion. Mais il lui arrivait aussi, là où elle n'était pas connue, d'être traitée comme une domestique. Oh ! alors elle en parlait avec complaisance. Elle s'estimait heureuse quand elle avait eu à porter quelque mépris pour l'amour de son divin Maître. — Elle était vêtue si pauvrement qu'on la prenait facilement pour une simple commissiounaire, surtout dans ses premières années de religion. Parfois on lui donna la pièce en lui disant : C'est pour vous, pour votre peine. Oh merci, répondait-elle, ma communauté pourvoit à tous mes besoins ; mais je reçois cela pour les pauvres ; et je vous en suis reconnaissante. Souvent on restait étonné de ce dégagement qu'on ne comprenait pas. Cette chère sœur voulait être pauvre et obéissante comme si elle eût fait les mêmes vœux que nous: nous pouvons dire, qu'elle les a gardés avec la même perfection que si elle avait vécu dans le cloître.

Pour bien faire connaître notre chère sœur Louise de la Croix, nous devons parler de ses rapports avec ses compagnes, de la tendre charité qui l'unit toujours à elles, et à laquelle on n'eût rien pu ajouter, ce nous semble. Elle les aimait comme de véritables sœurs, et se serait volontiers privée du nécessaire pour le leur donner. Elle veillait à leurs besoins avec une tendre sollicitude ; c'en était un pour son cœur de leur enlever ce qu'il y avait de plus pénible dans les travaux ; elle en prenait au moins toujours sa large part, et se montrait disposée à les aider en tout. Elle acceptait aussi cordialement leurs services, et faisait tout ce qui pouvait dépendre d'elle pour qu'il n'y eût entre elles qu'un cœur et qu'une âme, comme il leur est recommandé Elle les estimait sincèrement ; trouvait toujours quelque chose à admirer en elles ; et les considérait comme bien au-dessus d'elle. Avec quelle bonté elle se prêta à former celles qu'elle vit entrer ! comme elle se montrait indulgente, trouvant des excuses à tout ce qui laissait à désirer dans leurs commencements.

Elle ne se lassait jamais cependant de leur répéter ce qu'elles devaient faire, les sentiments dans lesquels elles devaient agir, pour se rendre agréables à Dieu et dignes de leur vocation. Comme elle savait leur parler dignement de cette humble vocation, la relever à leurs yeux, traduire les renoncements, les labeurs de leur vie de la manière la plus spirituelle et la plus joyeuse ; les présentant à leurs yeux comme autant de mérites dont elles pouvaient s'enrichir chaque jour pour l'Eternité !

Elle préparait tout pour leur vêture avec un entrain charmant, demandant pour cet effet de larges permissions qu'on lui accordait volontiers. — Elle les aidait à préparer leur trousseau ; faisait bénir leur habit la veille du jour où elles devaient s'en revêtir ; le déposait le soir au pied de leur crucifix devant lequel elles devaient s'habiller le lendemain matin ; et elle s'y rendait elle-même pour présider à la vêture. Tout cela se faisait joyeusement, mais aussi avec un esprit vraiment religieux. Elle composa parfois des couplets pour la circonstance, où elle exaltait la beauté de ce vêtement pauvre et grossier ; et enfin le privilège de le prendre sans autres témoins que la cour céleste.

Ces sentiments étaient ceux qui l'animaient quand elle-même s'en revêtit pour l'amour de Jésus-Christ. Elle ne voyait rien au-dessus de ce pauvre habit. Elle avait grandement à cœur de conserver sa forme intacte ; de même la grossièreté des étoffes. C'était encore un de ses attraits de le faire durer le plus longtemps possible. Plus il était usé, râpé, rapiécé, plus il paraissait beau à ses yeux. Il lui semblait alors une relique de la sainte pauvreté.

Cette pauvreté était tant en honneur au tour que nous devions veiller à ce qu'on mît au rebut tels vêtements, à les

faire passer même dans l'intérieur ; commander qu'on les remplaçât par des neufs;
rappelant que s'il était beau de se faire
pauvre à l'exemple de Jésus-Christ, une religieuse cependant devait avoir toujours
une tenue très propre.

Le jour où une de ses compagnes devait
être agrégée, était encore pour elle un véritable jour de fête. Elle en accueillait la
nouvelle avec une touchante cordialité.
Elle disposait le parloir avec une grande
piété pour la cérémonie, y dressait un
autel, l'ornait de flambeaux, de reliquaires
qu'elle demandait qu'on lui passât de
l'intérieur. Son cœur était tout entier à la
cérémonie et appelait avec ardeur, sur
celle qui en était l'objet, toutes les grâces
du Ciel.

Cette affection, si sincère, qu'elle avait
pour ses compagnes se reportait sur leurs
familles : tout ce qui les touchait l'inté-
ressait. Elle recevait leurs parents, quand
ils venaient au tour, avec une touchante

cordialité qui charmait les visiteurs. Tous
avaient pour cette bonne sœur une profonde estime, et étaient heureux de la revoir. Passant un jour à peu de distance
de l'habitation des parents de l'une d'elles
et ayant obtenu la permission de les visiter,
le chef de la famille, prévenu de son arrivée, alla au-devant d'elle et la reçut
comme le centenier de l'Evangile, Notre-
Seigneur, disant respectueusement : « Je
ne suis pas digne de vous recevoir dans
ma maison, mais je le regarde comme une
grâce et je vous en remercie. » Bientôt
toute la famille fut réunie autour d'elle. Elle
aussi, s'efforçant d'être bonne comme Notre-
Seigneur, les laissa tous comblés de joie.

Elle aimait à s'entretenir joyeusement
avec ses compagnes pendant les récréations, et demandait qu'on ne les fit point
sortir, autant que possible, à leurs heures
d'être ensemble. Elle parlait volontiers de
tout ce qui pouvait les recréer, pourvu
que la charité ne fût point blessée. Comme

notre sainte Mère Thérèse elle voulait que la réputation du prochain fût à l'abri de toute censure là où elle se trouvait, qu'on respectât les sentiments de tout le monde, ou au moins leur intention.

Mais elle se plaisait surtout à parler intimement de la perfection religieuse, de l'imitation de Jésus-Christ, quand ses occupations la mettaient plus particulièrement en rapport avec l'une ou l'autre de ses sœurs ; surtout quand elle se sentait comprise. Son but était de s'encourager mutuellement à surmonter les difficultés de la vie, à en faire profit pour le ciel. Elle nous rendait compte à l'occasion du bon moment qu'elle avait passé à s'épancher ainsi. Elle demandait permission, à ses Prieures, de continuer la conversation, quand elle était engagée sur ce sujet, en dehors de la récréation, disant que ce leur était une bonne lecture spirituelle, qui contribuait grandement à leur sanctification.

Cette bonté si bienveillante, qui était en elle, paraissait sensible aux pauvres mêmes qui venaient demander l'aumône à la porte de notre monastère. Ils aimaient à trouver la grande sœur à la porterie, disaient-ils. C'est qu'elle les considérait comme les amis de Notre-Seigneur ; et, dans ce sentiment, les servait avec respect. Elle savait compatir au moins aux maux, aux besoins qu'elle ne pouvait pas toujours soulager ; disant à propos quelques bonnes paroles pour encourager, élever les âmes vers Dieu.

Dans plusieurs circonstances Dieu sembla lui avoir ménagé des rapports avec des âmes coupables pour les ramener à lui. Sa foi si vive ranima la leur, et les fit rentrer dans la bonne voie. Elle se prêtait volontiers à faire le bien, quand elle le pouvait sans sortir de sa vocation. Avant toutes choses, elle voulait vivre selon l'esprit de sa règle, se ménager le temps d'en remplir les devoirs. Cette règle, toute simple qu'elle est, avait tout son respect : elle y était fidèle, elle aimait à la lire tous les dimanches.

Elle avait une haute estime de l'obéissance. Tous les ans, pendant sa retraite, elle examinait scrupuleusement en quoi la sienne pouvait se trouver en défaut, et notait attentivement tout ce qui lui semblait laisser à désirer à cet égard, dans sa conduite et ses actions. Elle nous en parlait ensuite avec un vif ressentiment.

Chacune de ses Prieures put disposer d'elle à son gré. Elle ne vit toujours que Dieu en elles ; et dans ce sentiment, leur fut étroitement unie, s'appliqua tout entière à l'accomplissement de leurs désirs. S'il lui arrivait d'éprouver des mouvements contraires intérieurement, elle se faisait besoin de s'en accuser, même d'écrire ce qui s'était passé dans son âme pour le désavouer, et s'humilier d'être une si pauvre religieuse. Elle eut des épreuves, des difficultés, mais elles n'af-

faiblirent jamais son esprit de foi qui la
fit s'élever au-dessus de ces difficultés et
demeurer inébranlable dans les vrais
principes. Si parfois elle paraissait s'être
écartée d'une ligne de conduite qui lui
avait été tracée, ou avoir agi sans permission, on pouvait s'assurer que cela
tenait aux distractions de son esprit.

Depuis une dizaine d'années sa santé
s'était fort affaiblie : nous ne devions plus
la charger d'autant de choses pour le service de la maison ; sa mémoire aussi très
affaiblie ne suffisait plus pour faire face à
tout. Nous devions même éviter de lui parler des petites erreurs que ses distractions
lui faisaient faire, pour ne pas affecter son
âme qui voulait toujours le plus grand
bien et souffrait de ses impuissances.

Elle ne fut point insensible en voyant
que nous nous appuyions plutôt sur ses
compagnes que sur elle, pour les commissions qui offraient quelques difficultés.
Elle qui, si longtemps, avait été chargée

de tout, qui avait eu la plus entière confiance de toutes ses Mères ; confiance à
laquelle elle avait tonjours répondu par
un dévouement sans bornes ! Il y eut pendant quelque temps une véritable lutte
dans son esprit et dans son cœur. Nous le
devinions et en souffrions nous-même.
Ce fut sa dernière épreuve, le couronne-
ment de cette vie si vertueuse. Dieu voulait
ainsi achever de la détacher de tout,
l'établir dans un parfait dégagement, pour
la préparer aux récompenses éternelles.

Notre chère sœur Louise de la Croix
s'éleva généreusement en cette circonstance, comme toujours, au-dessus de sa
nature, triompha si bien de sa suscepti-
bilité, dont son âme délicate n'avait voulu nous rien dire, pour nous laisser plus
libre de disposer toutes choses à notre
gré, qu'elle nous en parlait ensuite en
bénissant Dieu, qui avait tout conduit
pour le plus grand bien de son âme, pour
l'unir à lui davantage : « Ma Mère, nous

disait cette admirable sœur, j'ai beaucoup souffert ; j'ai bien combattu, mais
j'ai vaincu ! Maintenant je suis parfaitement libre. »

Depuis bien longtemps notre chère
sœur souffrait de l'estomac. Elle ne savait
comment définir ses besoins, qui étaient
si bizarres, si irréguliers, que nous n'ar-
rivions point à la soulager, malgré l'appli-
cation que nous y mettions. Elle nous témoignait souvent sa peine de tant nous
occuper d'elle, s'en humiliait, nous en
demandait pardon : « Ah ! c'est une souffrance aussi pour moi, disait-elle avec
une expression touchante, d'être si misé-
rable, de ne plus pouvoir me dévouer
sans ménagement, comme autrefois, pour
ma chère communauté ! » Elle voulait
regarder son état maladif comme une
épreuve qu'elle surmonterait comme tant
d'autres. Parfois elle se lançait à tout faire,
reprenait sa part dans tous les travaux
fatigants, sans examiner ce qu'elle en

éprouvait ; mais bientôt elle se mettait hors d'état de se suffire à elle-même. Le médecin, sans reconnaître la cause de cet état de prostration, lui recommandait d'éviter la fatigue.

Au mois d'août dernier elle fut prise de vomissements qui amenèrent un amaigrissement dont tout le monde était frappé. Les symptômes qui se manifestaient commencèrent à nous faire craindre qu'elle ne nous fût enlevée. Notre bon docteur qui lui portait un bienveillant intérêt espérait encore que les soins la remettraient. Nous n'en négligeâmes aucun. Mais bientôt il lui fallut reconnaître une tumeur à l'estomac et dès lors nous mettre en face d'une fin prochaine. Cette nouvelle affligea toute notre communauté.

Les personnes du dehors à qui cette chère sœur avait inspiré un si sincère attachement, s'en émurent avec nous. Il s'en trouva qui eussent voulu la conduire à Paris pour consulter des célébrités. Notre chère sœur s'amusa de cette idée, de tant de sollicitude pour la conservation d'une si pauvre fille. Mais son cœur était profondément reconnaissant de ces marques d'intérêt ; surtout des témoignages de religieuse sympathie qui lui vinrent de ceux de nos Carmels avec lesquels nous avons de plus fréquentes relations, où elle était connue. Elle nous demandait souvent qu'ils sussent combien elle était heureuse du souvenir qu'on lui donnait devant Dieu ; et qu'elle aussi priait Dieu de reconnaître, par des grâces particulières, cette affectueuse charité pour une pauvre fille.

Les moyens humains étaient insuffisants pour la guérison de notre chère sœur, nous ne le lui cachions pas ; mais nous voulions compter sur un secours du ciel, et nous nous efforcions de l'obtenir par nos prières. Cette chère sœur se joignait volontiers à nous. « Je veux par-dessus tout l'accomplissement de la volonté de Dieu, nous disait-elle ; mourir quand il lui plaira ; mais j'aime mes Mères et mes sœurs, je serais heureuse de me dévouer encore pour ma chère communauté, s'il voulait me guérir : je le lui demande. » Dans ce sentiment, elle priait comme elle savait si bien le faire, avec une ferveur qui la faisait s'oublier encore devant Dieu. C'était à la protectrice de la Bretagne qu'elle aimait surtout à adresser ses vœux. Tous les soirs, avant de se mettre au lit, elle se tournait vers sainte Anne d'Auray, et, les yeux levés vers le ciel, elle rappelait, nous disait-elle, les bienfaits dont la *bonne Mère* l'avait comblée dès son enfance. Elle se figurait parfois être au pied de sa statue vénérée, et le temps s'écoulait sans qu'elle s'en aperçût. Elle se relevait ensuite, non guérie, comme elle l'avait demandé, mais avec un plus grand amour de la volonté de Dieu.

La maladie poursuivait ses ravages.
Notre chère sœur ne souffrait pas des douleurs aiguës, comme il arrive ordinairement dans les maladies de ce genre ; mais,
en revanche, tous les tourments de la
faim. En vain nous cherchions quelque
aliment qui pût passer. Elle n'avait de
répugnance pour rien, elle mangeait même
avec appétit, et restait parfois quatre et
cinq jours sans vomir ; mais alors les vomissements reprenaient avec une telle
abondance qu'il nous fallait reconnaître
que rien à peu près n'avait passé. Il en
résultait une faiblesse, et des défaillances
telles, que nous devions nous attendre à
la voir succomber dans quelqu'une de ces
affreuses crises. Le médecin s'étonnait
toujours de la trouver vivante. Elle mai-
grissait à vue d'œil, et elle devint mécon-
naissable.

Sa grande énergie la soutenait. Elle
descendait à peu près tous les jours ; mais
les étrangers qui la rencontraient dans la

chapelle ou la cour hésitaient à reconnaître la sœur Louise de la Croix dans ce squelette, et quand ils devaient croire à la réalité, leurs premières paroles étaient toujours celles-ci : « Ah ! ma Sœur, qu'avez vous ? » Cette bonne sœur, calme, souriante, répondait invariablement : « Une maladie d'estomac, je ne puis plus manger ; rien ne passe. »

De tous côtés on nous envoyait des provisions de ce que l'on supposait devoir la soulager ; on nous priait de demander tout ce dont elle avait besoin. Mais nous aussi mettions tout en œuvre pour que rien ne lui manquât. Elle ne savait comment témoigner sa gratitude pour toutes les bontés dont elle était l'objet. Elle considérait tout en Dieu, et faisait monter sans cesse vers lui les sentiments de sa reconnaissance, le louant, le bénissant pour le grand bienfait de sa vocation ; s'efforçant, de lui être unie de plus en plus, pour lui en rendre de dignes actions de grâces. Que de fois elle nous remercia et nous pria de remercier la communauté de l'avoir reçue et gardée en religion malgré sa pauvreté! nous promettant de ne pas oublier cette grande charité. « Dès que je serai au ciel, disait-elle, je prierai pour ma chère communauté ! »

Nous la voyions fréquement au parloir ; et pour répondre au désir qu'elle nous avait témoigné de savoir toute la vérité sur son état, nous lui en parlions sans détour. « Ma Mère, nous disait-elle souvent, je sens que je m'en vais, mais ce sera long ; je suis encore pleine de vie. » Elle devait en effet aller au delà de toutes les prévisions. Le médecin s'étonnait qu'elle pût quitter le lit ; nous lui faisions instance pour qu'elle ne quittât au moins pas sa chambre; mais elle nous demandait de descendre tant qu'elle s'en sentirait la force : « Je me fais besoin, disait-elle, de vivre au milieu de mes compagnes. »

Désireuse de bien former deux postulantes que nous avions au tour, comme nous l'en avions chargée, elle allait s'asseoir à la sacristie pour veiller à ce qu'elles fissent le petit ménage, le matin, selon les usages qu'elle avait si respectueusement conservés, et avec l'ordre, la propreté convenable. Elle s'asseyait de même derrière l'autel pour diriger, de là, la parure; veillant surtout à ce que les choses se fissent avec la décence convenable, inculquant à ces jeunes sœurs le respect, la révérence qu'elle avait elle-même pour le saint autel; leur recommandant qu'il n'y eût jamais de poussière sur les marbres, le marchepied; et que rien ne laissât à désirer dans la chapelle pour la propreté, le bon arrangement.

Après toute la fatigue qu'elle s'imposait pour les former à ces travaux, de même aux soins que les tourières doivent prendre de la bonne tenue de l'extérieur de la maison, de la salle de réception, de leurs chambres; son bonheur était de leur parler de leur vocation, de ses mérites, de l'esprit religieux qui devait les animer en toute chose; leur développant toutes les considérations qui avaient fait sa force. Tout cela avec une élévation de sentiments que nous nous sentons impuissante à rendre. Nous ne pouvons que répéter ce que nous avons déjà dit : peu d'âmes ont reçu le don de goûter les choses de Dieu, et d'en parler comme cette pieuse sœur. Les portières et nous étions toujours dans l'admiration en l'entendant rendre compte de tout ce que Dieu lui avait permis de dire à ses compagnes pour leur instruction. Celles-ci appréciaient grandement aussi la grâce que Dieu leur avait ménagée, de vivre au moins quelque temps auprès d'elle, d'entendre ses leçons.

Notre bonne sœur ne pouvait communier que rarement; empêchée par ses vomissements et aussi par le besoin de prendre fréquemment quelques cuillerées au moins de liquide pour apaiser sa faim. De là pour elle une grande privation ! Nous lui proposâmes de communier en viatique, son état le permettant ; elle l'accepta avec reconnaissance ; mais bientôt elle trouva trop dur d'être encore dix jours sans communion. « Ma Mère, nous disait-elle, je veux bien souffrir tant que Dieu le voudra ; mais j'ai besoin de Notre-Seigneur, de m'approcher de lui plus souvent : c'est mon unique consolation. J'aime mieux souffrir davantage, ne rien prendre depuis minuit, et communier chaque fois que je pourrai. » Nous lui en permîmes l'essai.

Elle se levait de grand matin, s'habillait et descendait à la chapelle, avec l'aide d'une de ses compagnes. M. l'aumônier avait la bonté de venir la communier aussitôt que les portes lui étaient ouvertes. Heureuse de posséder son Dieu, cette chère sœur remontait dans sa chambre, à l'aide de plusieurs bras, se remettait sur son lit, prenait quelques cuillerées de liquide pour apaiser son estomac ; puis elle disait ordinairement : « Maintenant laissez-moi, je vais rendre mes hommages à mon Dieu ! » et elle se plongeait dans un profond recueillement.

Elle faisait effort pour descendre encore faire récréation avec ses compagnes, après leur dîner. Elle s'étendait sur un pliant qu'on pouvait relever ou baisser à son gré. Nous le devions à la famille d'une de nos sœurs. Elle passait ainsi souvent le reste de la journée au milieu de ses sœurs, qui l'entouraient d'attentions touchantes.

Elle se faisait aussi conduire au tour, où elle nous demandait, ou sa portière, pour nous parler des mouvements de son âme : toujours de sa reconnaissance pour les bontés dont elle était l'objet : « Oh ! ma chère communauté ! répétait-elle avec attendrissement, mon cher Tour ! comme j'en parlerai au ciel ! »

Le ciel remplissait toutes ses pensées. Elle en parlait comme n'en étant plus éloignée ; avec une confiance qui nous faisait bénir Dieu. Il n'y avait plus aucun doute, aucune inquiétude dans son esprit. Ses examens de conscience lui faisaient bien encore nous demander si elle n'avait point offensé Dieu en telles circonstances ? Si elle n'avait point quelques réparations à faire ? Si elle faisait bien tout ce qui lui était possible pour rendre sa vie parfaite ? Mais rien ne lui enlevait plus la vue des miséricordes du Seigneur.

Elle paraissait s'intéresser toujours à tout ce qui touchait la communauté. Elle nous disait encore ses pensées, avec abandon, sur les mesures qui lui semblaient avantageuses à prendre, pour la bonne organisation des choses. Nous quittions toujours cette chère sœur heureuse de l'avoir entendue. Elle aussi jouissait d'avoir pu s'épancher. « Comment ferai-je, ma Mère, disait-elle parfois, quand je ne pourrai plus vous parler? » « Ne vous inquiétez pas de l'avenir, répondions-nous ; Dieu alors prendra notre place auprès de vous. » « Oh ! oui, ma Mère, reprenait-elle. Puis mes compagnes me porteront au parloir si j'ai besoin de vous parler. »

Le Seigneur justifia cette confiance que nous cherchions à lui inspirer. Pendant les dernières semaines de sa vie où il ne lui fut plus possible de quitter le lit ; où on ne pouvait plus la mouvoir qu'avec les plus grandes précautions, pour ne pas la suffoquer, aucun trouble ne vint effleurer son âme qui demeura jusqu'à son dernier soupir dans la joie et l'action de grâces. Elle chargeait fréquemment une de ses compagnes de nous redire cette petite phrase : « Mon âme est en paix. »

Vers la fin d'avril nous la vîmes pour la dernière fois. Sa parole nous parut embarrassée. Elle parlait très lentement et avait peine à articuler les mots. Notre pieux docteur, qui la vit en cet état, nous engagea à ne pas différer de la faire administrer, disant qu'elle pouvait s'en aller bien promptement. Notre chère sœur reçut ce dernier sacrement sans émotion, avec tous les sentiments de sa foi vive.

Elle sentait que ses jambes ne pouvaient plus la soutenir ; et que les bras de ses compagnes ne lui étaient plus suffisants pour l'aider à descendre, ni surtout pour remonter dans sa chambre. Elle comprit qu'elle devait renoncer à ses dernières jouissances ; ne plus descendre au tour, et ne plus communier qu'en viatique.

Elle avait toujours fait état d'accommoder les autres, et de choisir pour elle ce qu'il y avait de moindre. Dans ce sentiment elle avait pris, pour sa chambre, une petite mansarde où elle prétendait se plaire plus qu'ailleurs, parce qu'elle y était plus solitaire. Ce lui était une fatigue de monter si haut, nous le sentions,

et une fatigue aussi pour ses compagnes
qui l'entouraient de soins assidus. Nous
lui avions déjà proposé de descendre au
premier étage. A ce moment, où il devenait nécessaire qu'il y eût toujours quelqu'un auprès d'elle, nous fîmes instance
pour qu'elle prît la chambre d'une de ses
compagnes, destinée à servir d'infirme-
rie aux sœurs tourières en cas de maladie ; mais elle nous supplia de la laisser
dans sa mansarde, disant qu'elle souffri-
rait à la pensée que ce changement, en
l'accommodant, pourrait incommoder une
de ses sœurs. Nous dûmes l'y laisser.
C'est là qu'elle reçut notre digne Evêque
qui voulut bien la visiter et la bénir avec
une bonté toute paternelle. Cela lui donna de la confusion. « C'est trop, disait-elle,
pour une si pauvre fille ; » mais son esprit de foi lui fit considérer cette visite
comme une nouvelle grâce de Dieu ; elle
en fut comblée de joie.

Un jeune séminariste auquel notre communauté porte un grand intérêt, et pour lequel aussi cette chère sœur avait été très dévouée, désira la voir avant sa mort pour se recommander à ses prières. Sa visite lui fut aussi un sujet de joie ; et la vivacité de ses sentiments parut se raviver en causant avec lui. Nous extrayons ce qui suit du compte rendu que fit le jeune abbé, au sortir de sa visite, pour conserver le souvenir des impressions qu'elle avait produites sur lui :

« Ma sœur, vous voulez donc nous quitter ? » Elle répondit comme avec surprise et bonheur : « Je ne sais pas ce que le bon Dieu veut faire de moi ; mais que sa volonté soit faite. Je ne désire que cela. » — « J'espère encore que le Seigneur ne vous prendra pas sitôt, mais si cependant il vous appelle à lui, que lui demanderez-vous pour moi ? » — « La grâce que vous soyez un saint prêtre. Car il faut surtout de saints prêtres pour glorifier Dieu, pour sauver les âmes. » (Cette réponse, animée de son ton de conviction qui semblait commander, émut le jeune abbé.) Elle ajouta : « Vous allez bientôt être ordonné prêtre, que pensez-vous qu'on fera de vous après? On vous mettra peut-être dans l'enseignement ? » — « Probablement. » — « Et après ? » — « Je m'occuperai peut-être des Bas-Bretons. » — « Oh ! oui, des Bretons ! ce ne sera pas toujours intéressant ; mais le prêtre n'est pas prêtre pour lui seulement ; il l'est surtout pour les autres... Vous aimez l'enfance, vous avez raison ; car l'œuvre de l'instruction est importante de nos jours; ce sont des jours de lutte entre le bien et le mal ; surtout en France. Des écoles impies s'emparent de l'enfance, pour rendre la France athée. Il faut donc l'instruire.

« Dieu punit la France, ajouta-t-elle. Il l'avertit par des fléaux, des maladies, des morts, etc. On ne sait pas reconnaître son doigt dans les événements, on n'y veut voir que du naturel. L'Eglise est persécutée, mais elle triomphera ! Dieu aura le dernier mot. Voyez cet élan de foi de tout l'univers vers Léon XIII, même des pays infidèles. Que de conversions sont faites et se feront encore ! Les sauvages, qui n'ont pas abusé de la grâce, viennent facilement à Dieu et avec droiture ; tandis que ceux qui en ont abusé deviennent endurcis, abandonnent Dieu; et Dieu aussi les abandonne, il leur retire ses grâces; ainsi à la France. Il les porte ailleurs par le moyen des missionnaires. » (Elle voyait sombre l'avenir de la France.)

En parlant du mois de Marie, de la petite Vierge devant laquelle on entretenait quelques fleurs dans sa chambre en l'honneur de ce beau mois, elle dit : « J'aime beaucoup le Sacré-Cœur de Marie, oui, c'est le symbole de son amour pour nous, comme le Sacré-Cœur de Jésus. »

Elle dit encore : « J'ai eu le bonheur de recevoir les derniers sacrements. On me communie tous les dix jours. Enfin je suis heureuse ! Le jour et la nuit, quand je ne dors pas, je prie, je loue le bon Dieu. Je pense à sa présence dans notre chapelle sur laquelle donne ma fenêtre. » — « Vous lui rendez grâce de votre vocation ? » — « Oh ! oui ; c'est une très grande grâce !... J'avais toujours demandé à Notre-Seigneur de le servir dans le recueillement et la paix avant de mourir. Il m'a accordé cette grâce dans ma maladie. Il me permet de me préparer à la mort ; de faire ici-bas mon purgatoire. J'ai beaucoup et longtemps souffert ; je ne voudrais pas m'en plaindre : je suis très heureuse. »

« Sa résignation, continue le jeune abbé, m'édifiait autant que son humilité. La grâce divine peut seule donner cette résignation, la force de faire si généreusement le sacrifice de la vie ; procurer ce calme, cette paix du cœur. Le juste seul se réjouit sur son lit de mort : il voit le ciel s'entr'ouvrir pour le recevoir dans l'éter-

nité. *Lætatus sum in his quæ dicta sunt
mihi : in domum Domini ibimus. —
Beati mortui qui in Domino moriuntur :
opera enim illorum sequuntur illos.* »

Bien des personnes nous faisaient demander d'aller la voir, de lui serrer au
moins la main, mais nous dûmes nous y
refuser. Son cœur si intelligent et si délicat lui restait toujours, mais elle était
tellement changée, tous ses traits si défor-
més qu'elle faisait mal à voir. Nous devions
refuser ces demandes, sauf quelques rares
exceptions.

Elle nous écrivait encore quelques lignes,
au crayon, pour nous demander ce dont
elle avait besoin ; s'excuser de nous mettre
en dépense ; et nous remercier toujours
des soins que nous faisions donner à un
pauvre cadavre. Nous reçûmes encore un
petit billet l'avant-veille de sa mort. Nous
lui envoyions aussi souvent quelques lignes
à sa demande pour la soutenir, ~~une il~~ en lui
parlant du ciel sur lequel ses regards

étaient toujours attachés; lui dire qu'il allait s'ouvrir : cela seul pouvait la récréer, la réjouir désormais.

Nous aurions voulu mettre une sœur garde-malade auprès d'elle. Nous étions effrayée de la surcharge qui incombait à ses compagnes; elles devaient la veiller jour et nuit, et être souvent deux auprès d'elle; mais celles-ci protestaient vouloir et pouvoir suffire à tout, et nous demandaient comme une grâce de ne se décharger sur personne des soins à lui donner. Cette chère malade aussi désirait n'avoir point d'autres soins que les leurs. Elle ne se rendait plus bien compte, nous le sentions, de la fatigue qui en résultait pour ces chères sœurs. Nous cédâmes à leurs instances. Toute la communauté en priant pour la chère malade, demandait à Dieu de venir en aide à ses infirmières. Nous lui rendions grâce de l'union des cœurs, de la charité qui les rendait capables d'un dévouement si soutenu, et si intelligent, que le médecin en faisait l'éloge, et disait que ces bonnes sœurs avaient prolongé l'existence de leur compagne.

Notre bonne sœur Louise de la Croix ne paraissait souffrir que de la privation de la sainte communion : « Oh ! j'ai besoin de mon Dieu ! » disait-elle parfois ; et elle priait ses compagnes de lui chanter des cantiques sur la sainte communion pour relever son âme. Les jours où elle la recevait, elle en conservait comme un doux parfum et semblait respirer le bonheur. Si elle nous écrivait ce jour-là, elle ne manquait pas de faire mémoire de cette visite du Seigneur, en disant : « Aujourd'hui je suis heureuse, j'ai reçu mon Sauveur ! »

Tout mouvement lui devenait impossible, et dans ceux que lui donnaient ses compagnes, avec les plus grands ménagements, elle les arrêtait parfois en disant : « Attendez un peu, je ne vois plus. » Elle avait dit souvent : « Je me sens encore pleine de vie. » Mais alors elle sentait que cette vie allait s'éteindre. Le 9 mai, en se préparant à recevoir le saint Viatique, elle dit que c'était probablement pour la dernière fois. Sa ferveur n'en parut que plus grande. Après avoir reçu la sainte Hostie, rapportèrent ses compagnes, elle ferma les yeux et demeura comme absorbée dans l'action de grâces et la prière pendant une heure. Ses premières paroles, après ce long silence, furent celles-ci : « Oh ! j'ai beaucoup prié ! pour nos Mères, pour nos sœurs. » Elle nous nommait, et bon nombre des membres de nos familles que nous avions recommandés à ses charitables prières, ou qui s'y étaient recommandés eux-mêmes ; plusieurs familles aussi qui font du bien à notre communauté ou lui sont amies : elle sembla à ce moment, plus que jamais, avoir la mémoire du cœur. Elle ajouta : « Je crois que Dieu m'exaucera ; je l'aime de tout mon cœur ! » Ces paroles qui nous ont été plusieurs fois répétées sont pour nous pleines d'espérances, et aussi un sujet de joie pour les familles qui furent présentes alors à cette pieuse sœur.

Nous admirions comment, après avoir tant souffert, pendant de longues années, de la crainte d'être rejetée de Dieu, elle semblait maintenant avoir une assurance de le voir, de le posséder, que rien ne pouvait plus ébranler. Quelqu'un l'entendant parler de sa fin prochaine avec une sérénité si parfaite, lui dit un jour : « Comment, sœur Louise, vous ne craignez pas la mort ? » —« Comment, reprit-elle, pourrais-je craindre d'aller à Dieu ? Je l'ai servi de mon mieux ; j'ai confiance qu'il me recevra dans son saint paradis ! » Elle disait aussi parfois, avec cet abandon qui lui était naturel : « Oh ! j'ai fait bien des fautes dans ma vie ; j'ai une si pauvre tête ! mais je n'en ai jamais fait de propos délibéré. »

La mort venait lentement, mais cependant elle arrivait. Pendant quelques jours ses pensées n'eurent plus autant de suite.

Elle s'en apercevait, mais sans trouble. Notre bon docteur, qui s'étonnait toujours plus de la trouver en vie, la vit en cet état et nous conseilla de lui faire donner un peu de sirop d'éther, pour l'aider à penser et à parler : ce remède remonta, en effet, ses forces intellectuelles. Elle nous fit faire plusieurs commissions avec une grande lucidité, en disant : « Ma Mère, vous pouvez me croire, j'ai ma tête aujourd'hui. » Quand elle sentait plus de peine à réunir ses idées, elle demandait un peu de ce sirop qui lui rendait la tête.

Le mercredi des quatre-temps 23 mai, qui devait être son dernier jour, celui de sa mort, elle demanda qu'on lui conduisît le confesseur extraordinaire qui entendait les confessions de la communauté : « Je n'ai rien à lui dire, mais il me parlera de Dieu ; cela me fera du bien, » dit cette chère sœur. Le digne religieux se rendit à ses désirs, l'entretint avec bonté, attacha plusieurs indulgences précieuses

à son crucifix, qu'elle s'efforça de gagner,
tout le reste de la journée, s'en montrant
très heureuse. Le bon Père nous parla
ensuite avec édification de ses dispositions, de sa grande confiance en Dieu, de
ses sentiments pour la communauté, de
sa reconnaissante affection pour ses compagnes. Il nous prévint qu'elle touchait à
sa fin : elle éprouvait d'extrêmes douleurs
aux extrémités, qui étaient la marque que
la vie se retirait, et un indice certain de
mort prochaine. Elle craignait de manquer
de patience et demandait de l'assister,
en priant beaucoup pour la soutenir.

Comme elle avait sa pleine connaissance, nous lui fîmes proposer de recevoir
encore une fois le saint Viatique ; elle
accueillit la proposition avec un grand
bonheur. Nous fîmes tout disposer promptement : nous sentions qu'il n'y avait plus
un moment à perdre. Le Dieu de l'Eucha-
ristie, auquel elle avait tenu si fidèle compagnie, vint au-devant d'elle, pour l'intro-

duire dans ses tabernacles éternels, nous en avons la douce confiance. Un instant on craignit qu'elle ne pût avaler la sainte hostie, on s'en inquiétait, quand tout à coup elle dit avec élan : « Elle est passée ! »

Le soir, à 6 heures, nous dîmes à ses compagnes que le moment était venu de donner à cette chère sœur une dernière marque de leur attachement, en faisant la recommandation de l'âme : elles se réunirent de nouveau autour d'elle avec attendrissement. Il n'était pas difficile de la prévenir ; elle était prête pour le départ. La chère mourante fit appel à ce qui lui restait de vie et d'intelligence pour s'unir aux prières. Mais tout en elle était si affaibli qu'on ne pouvait saisir ses paroles, ni les sentiments qu'elle s'efforçait d'exprimer. Quand les prières furent terminées, une de ses compagnes lui dit qu'elle allait se retirer, pour prendre un peu de repos et veiller la seconde partie de la nuit ; elle répondit énergi-

quement : « Oh ! non ! » semblant pres-
sentir qu'elle n'irait pas jusque-là.

Elle continua à parler, à prier ; mais on
ne pouvait plus rien saisir de ce qu'elle disait. A dix heures et quart le mouvement de
ses lèvres s'arrêta, et aussi sa respiration ;
son âme s'était envolée vers son Créateur,
le 23 mai, un mercredi. Saint Joseph, ce
glorieux protecteur du Carmel, au pied
de la statue duquel notre chère sœur
avait tant prié, veillé si longuement, sembla nous faire entendre en ce jour, qui
lui est consacré, que ses vœux étaient
exaucés ; qu'il avait lui-même conduit sa
fidèle servante devant le souverain juge,
pour y recevoir la couronne pour laquelle
elle avait si généreusement combattu.

Un violent coup de sonnette se fit entendre au moment où nous finissions
matines au chœur. Nous nous rendîmes
au parloir. Déjà nous pressentions que
notre chère sœur Louise de la Croix n'était
plus de ce monde, et nous l'envisagions

au ciel, louant et bénissant Dieu de son arrivée au port. Nous aimions à lui appliquer ces paroles : « O mon âme, quitte les habits de deuil et de tristesse. Jusqu'ici j'ai passé par le feu et par les eaux, et maintenant le Seigneur me fait jouir d'un doux rafraîchissement. » ·—Nous aussi nous bénissions le Seigneur des grâces qu'il avait accordées à cette âme généreuse et fidèle, et de l'avoir amenée auprès de ce Carmel où sa vertu a laissé un si suave parfum.

Ses deux compagnes arrivèrent bientôt, et nous annoncèrent en fondant en larmes le grand vide qui venait de se faire auprès d'elles. — C'est dans les sentiments qui nous remplissaient que nous leur répondîmes, en leur disant qu'elles avaient maintenant une protectrice au ciel. Nous leur demandâmes de suivre fidèlement les traditions qu'elle leur avait laissées, de faire revivre au tour sa tendre charité, les aimables vertus dont elle leur avait donné l'exemple.

Une nombreuse assistance rendit témoignage, à son enterrement, des sentiments que cette chère sœur avait inspirés : notre chapelle était pleine. On priait pour elle ; et en même temps on l'invoquait. Plusieurs personnes estiment avoir obtenu des grâces par son intercession.

Nous avons la consolation de conserver la dépouille mortelle de notre chère sœur Louise de la Croix dans notre cimetière.

Puissent ces souvenirs, recueillis dans le désir de procurer la gloire de Dieu, atteindre leur but ; être un encouragement à suivre Jésus-Christ ; à pratiquer la vraie vertu.

Nantes. — Imp. Émile Grimaud.

www.ingramcontent.com/pod-product-compliance
Ingram Content Group UK Ltd.
Pitfield, Milton Keynes, MK11 3LW, UK
UKHW031830170726
13836UKWH00004B/1593